찔레꽃 우표

찔레꽃 우표

초판 1쇄 인쇄 | 2024년 5월 3일
초판 1쇄 발행 | 2024년 5월 7일

지 은 이 | 강순화
펴 낸 이 | 박세희

펴 낸 곳 | (주) 도서출판 등대지기
등록번호 | 제2013-000075호
등록일자 | 2013년 11월 27일

주 소 | (153-768) 서울시 가산디지털2로 98.
       2동 1110호(가산동 롯데IT캐슬)
대표전화 | (02)853-2010
팩 스 | (02)857-9036
이 메 일 | sehee0505@hanmail.net

편집 디자인 | 박세원

ISBN 979-11-6066-105-7
ⓒ **강순화** 2024, Printed in Seoul. Korea
  값 12,000원

• 잘못된 책은 바꾸어 드립니다.

강순화 시집

찔레꽃
우표

등대지기

시인의 말

섬마을 언덕에
피어나던 인동초

가슴에 피어오르는
물안개

꽃섬에 가면
안개 속 그 아이
만날 수 있을까

살아가는 이유
시 한 줄
길어 올리는 이유

2024년 봄
강순화

시인의 말 05

제1부 꽃섬에 가고 싶다

찔레꽃 우표 13
꽃섬에 가고 싶다 14
금당도가 어딘가요 15
꽃무릇 16
할머니 17
모심는 날 18
산수유 19
청매화 20
목련 21
하지 지나고 22
시린 하늘 백일홍 23
인동초 24
퇴로 25
나목 26
손님 27
풀밭에서 28
자죽염 29
창가에서 30
가을날 31
산사의 가을밤 32
처서 지나고 33

제2부 박하사탕

선잠	37
박하사탕	38
벚꽃	39
소나기와 어머니	40
어머니 물꼬	41
이 어미는	42
구름	44
어머니의 가을	45
들녘에서	46
단팥빵	47
구절초	48
어린이집 풍경	49
섬으로 오는 겨울	50
노란색 버스	51
꽃담이 있던 집	52
놀이터	53
27층	54

제3부 자두가 익을 무렵

2월의 끝에서	57
4월	58
4월은	59
5월	60
5월이어서	61
화전	62
봄비	63

봄날	64
봄나들이	65
남풍에 꽃눈이	66
봄 들녘	67
감꽃 목걸이	68
소나기	69
여름 질문	70
소년의 여름	71
비 오는 날	72
여름을 보내며	73
자두가 익을 무렵	74
가을 저녁	75
9월에	76
고추잠자리	77
가을	78
아이와 단풍잎	79
가을의 이별	80
감	81
가을비	82
단풍 속으로	83
화살나무	84
첫눈	85
서설	86

제4부 코스모스 백리 길

복사꽃	89
민들레	90
민들레는	91

능소화	92
라일락이 피어 있는	93
분꽃	94
조팝꽃	95
조팝꽃 피는 날은	96
철쭉꽃	97
봄날의 언덕	98
봄을 건너	99
봄밤	100
이팝꽃 필 때	101
배롱나무	102
아기	103
청수국	104
도라지꽃	105
원추리	106
평행선	107
봉선화	108
메밀꽃	109
그리움	110
그리움의 강물	111
백일홍	112
장미	113
코스모스 백리 길	114

제5부 어쩌다 드는 생각

어쩌다 드는 생각	117
푸른 동그라미	118
질경이	119

오후의 뜰에서	120
시간 여행	121
하루의 끝자락에	122
사과꽃 향기	123
착각	124
어느 오후	125
캔 맥주	126
청산도	127
해거름에	128
소리없이 흐르는 강	129
수채화	130
까치밥	131
목발을 짚으니	132
연세로에서	133
바람	134
마을로 가는 길	135
미루나무길	136

해설   137

제1부
꽃섬에 가고 싶다

찔레꽃 우표

찔레꽃 향기 은은한
오월의 숲을 걷는다

함께 걷던 오솔길에
뻐꾹새는 울어대는데
찔레꽃 따서 꽂아주던
그대는 어딜 갔나

못 다한 이야기
연푸른 잎새에 적어
찔레꽃 우표 붙여
바람결에 띄우노니

그대여 창문 열어
오월의 향기 맡으소서
바람이 전하는 사연
가만가만 들으소서.

꽃섬에 가고 싶다

구름처럼 벚꽃 피어오르면
꽃 몸살을 앓는다

손가락 꼽아 헤아리는 기다림
꿈속에 떠오르는 섬이 되고

그리움 찾아 가는 꽃섬에 가면
꿈에만 오는 아이 만날 수 있을까.

금당도가 어딘가요

전남 완도군 금당면 차우리
아버지의 고향바다에 눈이 내린다
아버지는 열 살 때 뭍에 있는 진외가에서
학교를 다녔다고 할머니가 들려주신 이야기를
난 소라처럼 엎드려 파도소리와 섞어 들었다
할머니는 바다에서 해우를 건져 김발에 널어두고
해우가 바싹 마르면 지푸라기로 묶어 김 다발 이고
울억기미 재를 넘고 배를 타고 다시 완행열차
먼 행상길을 다니셨다
청상의 할머니는 어린 손녀에게
밤 깊은 줄 모르고 금당도 바다 이야기
푸른 물길로 풀어내시곤 했다

지금도 금당도 갯벌에는 눈이 내리고
내리는 눈발 속에 우리 할머니
해우 이고 먼 행상 길 떠나고 있다.

꽃무릇

안으로 멍든 가슴
토해낸 선연한 붉은 빛
하늘 향해 펼쳤는가

천 번의 봄날이 지나도
만 번의 칼끝 바람 스쳐도

만날 수 없는
그대와 나

그대의 눈물 소리 없이 뿌리까지 적시고
가슴속 깊이깊이 스미고 스미는가

이 생에서는 이룰 수 없는
아픈 사랑 거두어 주소서

지상에서 가장 슬프고 아름다운
꽃무릇 사랑이여.

할머니

쪽진 머리에 수건 질끈 동여매고
허리끈 졸라매며 한평생 살아온 할머니

모내기철, 달 없는 캄캄한 밤에
어린 고모 앞세우고
물꼬 보러 논둑길을 걸었지요

벼이삭이 누릇누릇 익어 갈 때면
가슴에 참았던 슬픔이 끓어올라
온 들판 헤매다 방문을 열면
문고리 잡은 어린 아들이
방문과 함께 왈칵 따라 열렸지요

송이송이 하얀 벚꽃 속에
당신이 웃고 있습니다
당신 떠난 빈자리 바람 불고 꽃잎 흩날립니다
할머니
그 먼 곳에도 벚꽃 환하게 피어 있나요.

모심는 날

써레질한 논배미 논물이 출렁댄다
못줄의 붉은 꽃술 매듭자리에 모포기를 꽂으면
양쪽 못줄 잡이 "어이"하는 소리에
일꾼들은 허리를 편다

어머니는 텃밭의 감자를 캐서
갈치조림과 못밥을 담아
똬리 얹은 광주리 머리에 이고,
예닐곱 살 아이는 막걸리 주전자 들고
논둑길을 따라 저만치 앞장선다

논물 속에 꽂힌 모 포기들이 고개만 내밀고 있다
어서 어서 실하게 자라다오
수건을 질끈 동인 어머니는 자식들 먹일 생각에
통통하게 여문 보리알 같은 웃음이 피어난다

초여름밤, 달이 기울도록 개구리가 울어댄다
어머니 고단한 허리 돌아눕는다
논배미 가득 넘실대는 알곡 꿈을 꾼다.

산수유

생채기 시린 날 지나갔나
쌀알 같은 꽃망울 쫑긋쫑긋
내리는 봄비에 앙증스런 해맑음

꼭꼭 눌린 기다림 일시에 쏟아져 나와
가려움 스물스물 돋아나는 가지
꽃구름 노랗게 피어나네

겨우내 갇힌 어두운 고뇌
툭툭 털어버리고
맑은 햇살 따라 가고파

점점이 불 밝힌
산수유 사랑.

청매화

한 발짝도 다가설 수 없어
고즈넉한 달빛 끄트머리 붙잡고
서 있던 매화나무

이른 새벽 아궁이에 군불 지피고
서둘러 밭일 나가는 어머니의 잔기침
화들짝 꽃잠 깬 매화나무는
녹두 빛 꽃망울을 달고 있었다

어머니, 지금은 어디메쯤
이슬 젖은 꽃길 걷고 있나요

청매화 흩날리는 언덕에 서면
어머니의 흰 수건 아른거린다.

목련

에이는 바람 끝
꼭 싸맨 봉오리 살며시 열어

종종걸음 햇살에
고운 자태 피웠네

꽃을 피우기까지
안으로 흘린 눈물

나붓한 채반 위에
한 소쿰 살짝 얹었건만

후두둑 핏빛 울음
무정한 한 줄기 바람.

하지 지나고

봄내 가물더니 흡족히 내린 단비로
논배미에 초록이 출렁댄다

감꽃 떨어진 자리에
손톱만한 여린 감이 살며시 얼굴 내밀고

담장 옆 접시꽃은
발그레 얼굴 붉힌다

하얗게 흐드러진 밤꽃 그늘에
감자 잎 흔들며 바람이 스쳐간다.

시린 하늘 백일홍

감나무가 서너 그루 서 있는
마당 건너 대문 밖을 바라보며
"지나가는 사람도 없다"
혼잣말을 되뇌셨다는 아버지

감꽃 피던 시절엔
오가는 사람도 많았으련만

메마르고 기울어진 노년
얼마나 시리셨을까

추석을 닷새 앞두고
세상에서 가장 슬픈 이별

돌아오는 차창 밖으로
아직도 시린 하늘 떠받치고 있는
빠알간 백일홍 한껏 붉었다.

인동초

쑥부쟁이 보리방아 캐던 봄 들녘
어린 누이는 단발머리 나풀거리며
들녘을 쏘다녔다

비녀 꽂은 쪽진 머리 어머니는
수건 질끈 동여매고 긴 여름날
등적삼이 후줄근 젖은 채
밭고랑에 엎디셨다

우렁배미 가을걷이 홀테질에 바쁘던
시끌벅적 타작마당 아낙네들
찐 고구마 막걸리 새참에 윙윙대던 탈곡기 소리
지금도 들려온다

흰 눈이 무르팍까지 내려 쌓인 엄동설한
청상의 어미는 어린 자식 해진 옷을 기웠다

대숲 언덕배기 노랗고 하얀 꽃
인동초 피어나면
떠난 당신의 모습 자꾸만 떠오른다.

퇴로退路

담벼락 움켜잡은 질긴 잎새들
악착같이 벽을 향해 기어오른다
가는귀먹은 담벼락은 우직하게
그의 등 내어주고 있다

얽히고 설킨 담쟁이의 사연 못들은 척
벽은 입을 꼭 다물고 있다

잎사귀 누렇게 떨어져 땅바닥에 뒹굴어도
가늘고 마른 줄기 배배꼬며 기어오른다

계절이 몇 바퀴 돌아 나가도
담쟁이 마른 줄기 퇴로退路를 찾지 않는다.

나목

가로수 빈 가지를
바람이 휘둘러 댄다

바람에 휘둘리며
꼼짝없이 서 있는 나무

낮달이 창백한 얼굴로
내려다본다

몸 녹일 집도 없는
알몸의 나무
외투 벗어주는 사람
아무도 없다.

손님

대문을 밀치고 들어서는 나를 보며
네가 오려고 까치가 그리 울었나 보구나
반가워하시던 할머니
돌아오지 않는 손님 되어 먼 길 떠나셨다

찔레꽃 피는 언덕에 서면
나도 누구의 가슴 설레게 하는 손님이었을까
찬찬히 들여다보면
흔들리는 풀꽃도 향기로운 손님인 것을

빛바랜 그리움의 모서리 만지작거리다
길모퉁이 돌아서는 봄날
하얀 민들레 홀씨 허공을 날아간다.

풀밭에서

맨발로 휘젓는 불면의 풀밭
정수리에 박힌 그리움은 풀잎

바람에 꺾여도
칼날에 베여도
풋풋한 풀 내음

쥐어 뜯겨도, 밟혀도
다시 일어서는 작은 우주

나는 떨림으로 풀꽃을 마주한다.

자죽염

바다가 그리운 푸른 대통 속에
하얀 소금을 품고

고뇌와 열망도
붉은 황토로 봉하고

장작불 가마에
태우고 태우기를 여덟 번

절규의 눈물 줄줄 흘러내려
소금기둥 바스라져

황토 지장수 흩뿌려 가며
마지막 집착 내려놓을 때
아홉 번 째 오행단으로 거듭난다

그래도 끊을 수 없는,
개암 아홉 번째 붉은 꽃.

창가에서

창가에 서면
계절은 오고 가야 할 때를
어찌 그리 잘 아는지
다시 돌아와
형형색색 꽃을 피운다

삶의 선로가 무한한 것인 양
어딘가를 향하는 바쁜 발걸음들

착각과 어긋남의 흔들림 속에서도
온다는 약속도 없는 너를 기다리며
두 개의 찻잔을 준비한다
바람소리 수런대는 창가에서.

가을날

시리게 푸른 하늘 머리에 이고
청량한 가을이 서둘러 온다

메밀꽃 흐드러진 언덕 밭에는
어머니의 설움 소금 꽃 되어
하얀 파도 일렁인다

기억 저 편 단발머리 아이
소풍갈 때 사주신 연두 줄무늬 치마
가을 들녘 걸어간다

누런 벼이삭이 고개 끄덕이고
반갑다고 억새는 하얀 손을 흔든다.

산사의 가을 밤

달빛 고즈넉한 산사의 가을 밤
번뇌도 맑아지는 풍경소리

마음 언저리 서성이다
허공을 건너오는 풍경소리

마른 잎 흔드는 소리 갈피마다
달빛은 쏟아져 내리고

풍경소리 어깨 위로
별빛 흐르는 소리.

처서 지나고

봉긋한 도라지 꽃망울
함초롬히 피었다 지고

여름내 하늘 바라던 해바라기
촘촘히 여문 씨앗 고개를 숙인다

하늘은 맑아서 더욱 높아지고
스치는 바람이 상쾌하다

문설주에 기대어 기다리는 마음
가슴 속 별을 헤아린다.

제2부
박하사탕

선잠

잠들었다 깨어보니
방안이 어슴프레 했다
학교에 가야 한다고 걱정했더니
할머니는 "선잠을 깨어서 그렇구나
아침이 아니고 저녁이다"고 하셨다
내게 선잠이라고 일러 주셨던 할머니는
그리움만 남기고 먼 길 떠나셨다

그리움이 이리 아픈가

한낮에도 암막 커튼 드리운 방에
선잠 깬 나 덩그러니 앉아 있다.

박하사탕

설렁탕 집 카운터 박하사탕 한 알 집어든다
화한 박하 향이 입안에 퍼진다
할머니가 좋아 하시던 박하사탕
어쩌다 한 봉지 사다 드리면
얼굴이 박하사탕처럼 환해지셨지

할머니 농사짓던 시절, 논둑에서 만난 어르신이
"소 키우는 것 하고 자식농사는
장담하는 것 아녀라우"하시더라고
푸념처럼 되뇌시던 이해도 할 수 없는 말이
귓전 울리던 때 있었지

하얗게 빛이 나는 박하사탕 보면
할머니가 생각나지만
이제는 몇 알 쥐고 가도 반길 할머니 안 계시다.

벚꽃

봄마다 벚나무는
꽃 튀밥 한 소쿠리 이고
마을길에 서 있었습니다

어머니 하늘 가신 지 오래
해마다 봄이 되면
꽃 튀밥 한 소쿠리 이고
울 어머니 찾아오십니다.

소나기와 어머니

찌는 더위에도 밭고랑에 엎디어 김을 매는
땀에 젖은 어머니의 등적삼
쨍쨍한 하늘을 보며 "왜 이리 삶아 댄다냐,
소나기라도 한 줄금 시원스럽게 쏟아지지 않고"

어느 날 느닷없는 빗줄기 쏟아져 내려
흙냄새 코에 닿고 마당에 도랑지게 비 내리면
"참깨 심어 놓은 것 다 쓸려 가것다,
참깨 모종 다 녹아내리것다."

아이들 키만큼이나 자란 참깨대에는
하얀 분홍빛 참깨 꽃종이 바람에 이리저리 흔들리고
깍지 속 참깨가 영글어 간다

땡볕 내리 쬐는 여름날이면 당신 계신
그 곳에도 소나기 한 줄금 쏟아져 내려
자식 걱정에 타들어 가던 가슴
식혀 주었으면 좋겠다.

어머니 물꼬

어린 딸 앞세우고 어머니는
어둑한 논둑길 걸어 물꼬를 보러 갔다
윗 논에 논물이 그득하게 넘치면
아래 논둑 가장자리 물꼬 터서
물이 들어가야 모내기를 했다

물꼬 보러 다니는 시절 아닌데
지금 소소한 일상도 공유할 수 없는
논두렁의 높이가 야속하다

초저녁 달그림자 드리운 논둑길
어머니 등 뒤에
아카시아 푸른 향내 쏟아져 내린다.

이 어미는

계곡 도랑에 애기 단풍
떨어지는데

살랑이는 바람결에도
그리움에 눈물짓는다

이 어미 고왔던 시절
등허리 따스한 햇살 받으며
포대기에 업혀 쌔근대던 아이야

엊그제 모내기한 논배미 모포기
땅심 받아 초록 물 일렁이는데

왼 종일 사립문 들락날락
감꽃 주워 놀던 아이야

어느새 네 머리에도
은빛 갈꽃 내려앉았는데

이 어미는
오늘도 네가 보고 싶구나.

구름

파아란 하늘에
하얀 목화송이 흘러가고 있다

청상의 어미는
두툼한 목화 솜이불 만들어
어린 딸 산 너머로 시집보냈지요

층층시하 시집살이 서럽고 고달퍼서
딸은 밤마다 베갯잇 적시며 울었다지요

어미 간 하늘의
목화송이 구름 보고 울었다지요
뼈마디 쑤시는 그리움에 울었다지요

아가 아가 울지마라
목화송이가 포근히 안아주며 달랬다지요.

어머니의 가을

따가운 볕에 바싹 마른 고추가
바사삭 바사삭 귓속말을 한다

참깻단의 여문 참깨가
톡톡 튄다

바쁜 하루 해
어머니의 손길은 짧기만 하다

고추잠자리 날개 사이로
바쁜 하늘이 팔랑거린다.

들녘에서

보리보다 웃자란 독새기풀
호미질 하는 엄마
미열에 들뜬 아이는 들녘으로 나선다
논둑에 쪼그리고 앉아
쑥부쟁이 만나는 아이

아직은 바람이 차가우니 집으로 가라
흰 수건 쓴 엄마 손짓에
보리 이랑 끝으로 뒷걸음친다

노랑나비 한 마리 팔랑대며 날아와
아지랑이 속으로 아이를 데려간다

보리밭 사이로 엄마 어깨가
푸르게 넘실댄다.

단팥빵

밤늦도록 기다리는 내게
아버지는 누르스름한 봉투를 내미셨다
앉은 자리에서 단팥빵 두어 개를 꿀맛같이 먹고
윗목 쪽으로 봉투를 밀어 놓았던 내 어릴적

세월 지나 어쩌다 단팥빵 사다 드리면
"뭐하러 사왔냐" 하시면서도 무척이나 좋아하시던

제과점에 즐비한 단팥빵을
이제는 사가도 반길 이 없다

아버지 산소에 가면
그 나라에도
단팥빵 있더냐고 물어봐야겠다.

구절초

고이 넣어둔, 장롱 속 아홉 필 광목이
저 벌판에 하얗게 펼쳐 있다
구월 햇볕 아래 사붓이 널린
곱고 고운 비단 필

옥양목 저고리 입은 아이
희고 고운 앞니가
꽃잎에 총총 박혀 있다

어머니는 하늘 가서도 아홉 필 광목을
냇가에서 아직껏 펼쳐 놓고 계시는데.

어린이집 풍경

아파트 단지 내 어린이집에 만국기가 펄럭인다
색색의 씽씽카 십여 대가 나란히 줄지어 있다
아이들은 놀면서도 질서를 배우겠지
앙증스럽고 대견함에 웃음이 나온다

아이는 씽씽카에 푸른 꿈 싣고 달린다
푸르른 나무에 금빛 햇살 쏟아진다.

섬으로 오는 겨울

눈 이불 덮고 실눈 감은 섬들

언 손 입김으로 불어가며
어머니는 차가운 바닷물에서 김을 건져 올리셨다

한 발짝도 떠날 수 없는 파도는
온 몸을 갯바위에 부딪히며

맺힌 그리움은 동백으로 피어나고
지금도 그 섬에는
눈발이 펄펄 내리고 있다.

노란색 버스

어린이집 등하원 시간이면 아파트 입구에는
빨간 잠자리 왕눈을 단
노란색 버스가 아이들을 기다린다

엄마 손 잡고 나온 아이는
또래들과 재잘대며 버스를 탄다

새록새록 어여쁜 꿈들이 자라나고
해밝은 웃음꽃이 피어나는 노란색 버스
바람이 순한 길 열어준다.

꽃담이 있던 집

타지에서 전학 온 아이는 또래 아이들과
골목에 서 있었다
금박단추가 달린 자주색 골덴 옷을
말쑥하게 차려 입고, 동생과 나란히

언덕 위에 있는 그 집 대문은
길 보다 높은 계단 몇 개 올라서야 했고
대문 안에는 예쁜 누나들도 있었다

언제부터 시멘트 담장 없어지고
집 안이 훤히 보이는 울타리 밖으로 걸어놓은
화분의 꽃이 하늘거리고 있었다

아직도 그 꽃잎이
내 가슴에 하늘거리고 있다.

놀이터

나무 잔디 어우러진 아파트 놀이터
아이들의 조잘대는 소리로 시끌벅적하다
그네 타는 아이, 자전거 타는 아이,
술래잡기를 하는 아이
서로 부르며 까르르 웃어대고
마냥 신이난다
젊은 엄마 돌쟁이 아기 안고
행복한 미소 짓는 푸르른 마당

노을은 저 만치 봉긋한 산 너머로
구름을 물들인다
개구리 울음소리 노을처럼 퍼진다.

27층

  우리 집은 아파트 27층 여객기 나는 하늘 길 가깝다
  수많은 사람들의 꿈을 은빛 날개에 싣고 난다

  앞산 숲은 성큼성큼 다가와
  엊그제 진달래가 붉더니
  오늘은 아카시아, 찔레꽃이 오라고 손짓 한다

  베란다 창가에서 내려다보면
  장난감 같은 차들이 벌레처럼 기어간다
  신호등에 빨간 불 켜지면 잠시 숨 돌리고
  또 어디론가 정신없이 오고간다.

제3부
자두가 익을 무렵

2월의 끝에서

바람이 차다
앙상한 가지 말이 없다
바람의 찬 손길에 바르르 몸을 떤다

저만치서 누군가 걸어오고 있다
참빗으로 곱게 빗어 올린 머리
정수리에 연둣빛 물방울 이고 오는 봄님인가.

4월

사월아 부르면
숲은 저 만치
뭉실뭉실 연두 실 뭉치 싱그럽고

사월아 부르면
벙글어진 목련이
꽃채반 위로 하얀 미소 두둥실

사월아 부르면
활짝 핀 벚꽃은
신부의 화관 인양 눈부시고

사월아 부르면
꽃이 되는 이름
네가 내게 오라고
나는 어미의 탯줄을 끊고.

4월은

깍지옷 벗어 가지에 걸어 놓은 목련
하얗게 내민 속살 눈이 부시다

산모퉁이 돌아 개울가 서성이는 복사꽃
타인의 인기척에 발걸음 멈추고

나비 잡으려 내민 아이 손가락 사이로
봄 햇살은 쏟아지고

민들레 꽃 대궁 하얀 염원이
하늘 저편으로 훌훌 날아오른다.

5월

하얗게 핀 찔레꽃
마당 넓은 집 텃밭에
햇살이 곰실곰실 놀고 있다

푸른 대나무 하늘로 키를 키우고
뒤뜰에 떨어진 하얀 감꽃이
한나절 꽃길 만들고 있다.

5월이어서

윤기 나는 햇살에
초록이 쏟아진다

앞 들판 우렁배미 논물이 일렁이고
이팝나무 하얀 쌀밥 수북이 담아낸다

눈물 훔치고 웃음 찾은 봄날
초록날개 돋아 오르는 오월

잊었던 기억이
푸른 잎으로 살아나고 있다.

화전

진달래 한 움큼 따다 화전 부친다

화전이 먹고 싶어요
가쁜 숨 몰아쉬며 잦아드는 꽃너울

진달래꽃 필 때면 봄을 앓는다

꽃 이파리 붉은 넋
서럽게 목 넘기며 속울음 울었다.

봄비

반가운 손님 맞아
흠뻑 젖는 나무들

담장 밑 원추리는
부리 쫑긋 내밀고

빗방울은 또르르
청매화 가지 위에
맑은 웃음 터뜨리는데

봄길 찾아 나선 사람
벙그는 목련 그늘 밟고서 간다

풀밭은
싱그런 속삭임으로
어서 오라 부른다.

봄날

목련은 솜털 보송한 껍질 벗어
새하얀 속살 내밀고

무수한 발자국 밀어 올리고
노란 얼굴 민들레 해맑게 웃는다

엄마 손 잡고 나들이 나온 아기
개나리 별꽃 어우러진 길을
아장아장 걸어오는데

먼발치 산그늘에 진달래 꽃무더기
붉은 꽃숨을 쉰다

연두 실타래 늘어뜨린 버드나무가
슬근슬근 그네를 타면

나도 아지랑이 피어 오르는
들길을 걷는다.

봄나들이

마른 검불더미 헤치고 뾰족이 내민 봄
따사로운 봄 햇살에 분홍 물감을 품은
벚나무 꽃망울이 자꾸만 부푼다

일시에 확 터트려
환한 꽃길 열겠지

눈부신 봄날을 선물 받은
어린이집 꽃 같은 아이들이
천진스레 재잘대며 봄나들이 나온다

길모퉁이 풀섶 애기똥풀
샛노란 꽃이파리 흔들어 반긴다.

남풍에 꽃눈이

남풍에 꽃눈이 잠을 깨어
하얗게 노랗게 피어난다

아장자장 나들이 나온 아기는
여기 기웃, 저기 기웃
세상이 신기하기만 하다

노란 꽃그늘 아래
방긋 웃는 채린이가 보인다

하늘도 웃으며 내려다본다.

봄 들녘

여린 가지 사이 바람 지나가고
아카시아는 치렁치렁 꿀송이 달고
달콤하게 속삭인다

모낼 채비 하느라
논배미엔 논물이 넘실대고

산 그림자 논물에 내려와
못줄을 잡는다.

감꽃 목걸이

올해도 감꽃은 많이도 피었구나
그 옛날 감꽃 목걸이 건 동무들
이제는 다 어디로 갔나

푸른 하늘 저 멀리
감꽃 목걸이 닮은 흰 구름이
웃으며 손짓하네.

소나기

갑자기 내린 소낙비에
온몸이 흠뻑 젖은 적 있었다

줄줄이 늘어선 편의점마다
알록달록 물방울무늬 투명 우산 있지만

살다 보면 쏟아지는 비
흠뻑 맞고 싶은 때도 있는 것이다

땅바닥에 통쾌하게 내리 꽂히는 빗줄기
빗물에 씻긴 잎새 푸르게 너울거린다.

여름질문

소나기 한바탕 지나가고
나뭇잎 사이로 하늘이 말갛다

잘 사는 거냐고
흘러가는 구름에게 묻는다

도라지꽃 함초롬 피었더라고
구름은 옷소매만 펄럭인다

존재의 이유를 묻는 나에게
여름은 말간 하늘에
흘러가는 구름만 보여준다.

소년의 여름

파랑 물감 칠한 하늘에는
새털구름 몇 조각 날아갈 듯 떠 있고
한낮 내내 울어대는 매미소리에
푸른 잎 사이로 풋대추 몇 알
얼굴 내밀고 있다

개울에서 뜰채 들고 고기 잡던 아이들
물장구치던, 골목놀이 하던
소나기에 흠뻑 젖어 신이 나던 아이들
그 시절이 그리워

머리카락 희끗한 내가
하얗게 웃고 있다.

비 오는 날

주룩주룩 쏟아지는 빗줄기 속에
아스팔트 위를 걷는다
나를 적신 빗줄기는 아스팔트 쓸고
맨홀로 빨려 들어간다

맨홀은 지상에 내려온 블랙홀일까
세상의 모든 빗물이
블랙홀에 빨려 들어가고 있다

내 슬픔 눈물 모든 걱정도
저 블랙홀에 다 빨려 들어갔으면.

여름을 보내며

언덕배기 도라지꽃은 청초한 자태로
다소곳이 서 있다
하늘 향한 꽃망울 터뜨릴 때마다
밀려오는 뭉게구름

고추를 따는 아낙네 등줄기에
땀방울이 고랑져 내리고
논바닥 벼 포기는 쑥쑥 푸른 키 재기를 하며
노란 꽃술 흔들어댄다

누이야, 봉숭아 따다가 꽃물 들이고
첫눈 올 때까지 그리운 사람 기다리자

붉고 붉은 꽃 다짐 되뇌고 있다.

자두가 익을 무렵

기억의 담장 너머
후두둑 떨어지던 자두

발그레 차오른 자두 속살 베어 문다
입 안 가득 퍼지는 달콤하고 부드러운 향기
우린 서로 바라보며 자두 꽃처럼 웃었다

말없이 바람골 떠난 이여,
7월 뙤약볕 뜨겁게 쪼이거든
자두나무 아래로 오라

바람골 그늘에 앉아
자두 익어가는 사랑노래 들어보자.

가을 저녁

영근 햇살 머물다 간 자리
초록은 수런수런 가을 채비를 한다

노을은 망각의 나래를 접고
붉게 타오르고 있다

별빛 성긴 하늘에 눈썹달 뜨면
귓전에 감기는 풀벌레 소리

잠 못 들고 창가를 서성이는 가을 저녁.

9월에

연노랑 물감 칠한 들녘
벼이삭이 여물어 간다
코스모스 말갛게 씻기운 얼굴
한들거리며 춤춘다

참깨 툭툭 털어낸 참깨대가
마당 한 켠에 쌓여 있고
빨갛게 익은 고추 멍석에 뒹군다
한 줌 햇살 아쉬운 듯
바삭바삭 가을 소리 낸다

쑥부쟁이 피어 있는 들길에
선들바람 불어와 흔들어대면
하늘에 비늘구름 높이 떠간다.

고추잠자리

울타리 넘어 들어올까 말까
망설이는 고추잠자리

온 몸이 다 비치는
하늘하늘 얇은 망사
날개옷 입었구나

부끄러워 부끄러워
온 몸이 빨갛게 물들었구나.

가을

햇살은 들녘에다 금빛 물감 쏟아 놓고
해밝은 눈부심이 가슴으로 밀려든다

말간 얼굴로 올려다보는 코스모스
넌 햇살로 세수를 했구나
그렇다고, 고개를 끄덕이며 한들거린다

아슴한 기억 너머
붉나무 추억으로 단풍들고

청량한 하늘가에 잠자리 몇 마리
동그라미 수만큼 잊혀지는 거라고
자꾸만 하늘에 동그라미를 그린다.

아이와 단풍잎

늦은 가을날
아이가 단풍 길 따라 종종걸음 걷고 있다
"엄마, 이건 뭐야"
"단풍이야, 붉게 물들었다 떨어지는 나뭇잎이야"
아이는 고개를 갸우뚱
손에 쥔 단풍잎 바라본다
바람이 단풍잎 낚아채 달아난다
아이는 다시 바람을 쫓아간다

아이 웃음이 바람 따라 올라간다.

가을의 이별

가을은 이별의 계절

해묵은 은행나무, 바람결에
금쪽같은 은행잎들 떠나보내고

황금 들녘 허수아비 빈 소매 흔들어
서녘 하늘 기러기 떼 떠나보내고

언덕 위 억새꽃은 하얀 손 흔들어
먼 길 가는 푸른 강물 떠나보낸다

떠나간 이들은 언제나 돌아오려나
다시 온다면 그때는 무슨 빛깔 안고 오려나.

감

언제 오시려나
담장 밖 고개 내밀고
그대 기다리는 감

차오르는 그리움에
날로 얼굴 붉어지네

동구 밖 바람소리에
까치발 들고 내다보네.

가을비

처서 지나 흩뿌리는 빗줄기
서늘함이 파고든다

생각의 빗방울들 낙엽 적시고
버텨온 시간 지층으로 스며든다

쓸쓸함을 일깨우는 비
그 아이의 생일날
비만 혼자 내리고 있다.

단풍 속으로

그대에게 한 발짝도 다가설 수 없는 나무는
긴 날 찬 서리에
혼자, 빠알간 단풍 되었네

옛 산성자락에 가을비 흩뿌려
붉은 설움 뚝뚝 떨어지고 있다

빗속에 흘러 내려
강물이 안고 가는 붉은 단풍은
누구의 가슴으로 흘러가는가.

화살나무

날카로운 햇살이
잎새마다 꽂힌다
선홍색 핏방울 흘러내린다

쨍쨍한 하늘 아래
화인火印 찍힌 온몸이
불타고 있다.

첫눈

동짓달 하늘에서
하얀 떡가루가 쏟아진다

아이야, 함지박에 소담히 담아
애기동지 때 토닥토닥
네 얼굴 닮은 백설기 떡 하자꾸나

따끈한 백설기 덩이덩이
건너 마을 혼자 사는 할아버지께 갖다 드리고
아랫마을 어린 남매 서영이한테도 보내주자.

서설

한 해가 다 가도록 소식 없더니
마른 산수유 가지 내리 휘도록
발자국 또렷이 한 발 한 발 오시는 이여

그리웠노라 한 마디 말도 못하고
애타던 가슴 부여안고 손님을 맞네

하얀 침묵 속에 전하는 소식
말없이 떠난 그 사람

산동마을 산수유로 찾아오실 봄날
노란 꽃등 밝히려고
이렇게 찾아와 온몸 녹인다 하네.

제4부
코스모스 백리 길

복사꽃

분홍 분 곱게 바르고
담장 옆에 다소곳이 고개 숙인 복사꽃

휘적휘적 두루마기 자락
바람에 날리며 오실 님 기다리다

바람의 심술에 흩뿌리는 꽃이파리
슬픔 즈려밟고 꿈길에나 오시려나

님 기다리는 봄날이 저물고 있다.

민들레

땅심 떠날 수 없는 잎새
텅빈 꽃대에
노란 그리움이 하늘을 날다

허공을 맴돌다
풀섶 끝에 내려앉는
바람의 서성임

산그늘 내려와
돌다리 휘도는 여울의 조잘거림
귀 기울여 보는 시간

민들레 홑씨의
헤설픈 상념.

민들레는

보도블럭 틈새 비집고
노란 얼굴 내밀고 있다

그래, 사는 거야
끈질기게 살아야지
다짐하고 다짐하는
동그란 주먹.

능소화

담장 곁에 발돋움 하던 날들
무심한 바람에
님의 옷깃 나부낄 때
넝쿨째 휘어올라
살며시 얼굴 내민다
저만치 멀어지는 님그림자
가슴엔 시린 강물

한맺힌 기다림
꽃술에 독이 되어
붉다가 붉다가
송이째 떨어지네
기약없는 소화의 붉은 넋
선연한 능소화로 피어나네.

라일락 피어 있는

보랏빛 화관을 쓰고
담 너머 웃고 있는 라일락

담 모퉁이 돌아오는 발소리에 귀 기울이며
아찔한 향기 날리고 있네

지난 밤 하현달 차마 돌아가지 못하고
오월 긴 하루 내내 바라보고 있네.

분꽃

해질녘이면
누이의 볼연지 색깔로
늘어진 가지에
별꽃인양 개나리꽃 때깔로
뙤약볕 아래선 꼭 다물었던 꽃봉오리
살포시 열어젖히며 향기 전하네

달빛 아래
이슬의 사랑에 함초롬히 젖다가
꿈속 들꽃밭 휘저으며
풀벌레와 숨바꼭질 하다가
새벽 닭 우는 소리에
황급히 꽃잎을 접는구나.

조팝꽃

연두바람에 꽃잠 깬
해맑은 얼굴

방싯 웃는 아기는
자잘자잘 앙증스런 꽃잎
손가락 오므렸다 폈다

허기진 봄날
하얀 쌀 튀밥 꽃대롱에 대롱대롱

하얀 전설 꿈꾸는 조팝꽃.

조팝꽃 피는 날은

하얀 나비 나풀나풀 날아다니는 봄날
가지마다 눈 꽃송이 내려앉으면
꽃 앞에 주저앉아 울고 싶더라

빈 사발 달각거리다
허기져 누운 내 유년이
밀물처럼 밀려오는 물결소리

조팝꽃 피는 날은
꽃 앞에 주저앉아 울고 싶더라.

철쭉꽃

초롱한 햇살에
눈부시게 화사한 너를 본다

이렇게 꽃을 피울 때까지
네가 흘린 눈물이 울컥

내게 보낸 꽃 한 송이 머리에 꽂고
철쭉나라 가는 기차 오르고 싶다.

봄날의 언덕

빗소리 다녀간 뒤 돋아나는 연두 잎새
눈빛 반짝이는 순진한 햇살

벚꽃 눈처럼 날리고
조팝꽃 하얗게 흐드러지고
아카시아 주렁주렁 향기 늘어뜨릴 때
단발머리 소녀는 찔레꽃 머리에 꽂고
쑥을 캐고 있었지

눈 녹으면 돌아오는 유년의 언덕.

봄을 건너

발그레 붉어진 복사꽃
담장 곁에 다소곳이 서 있다

개울가 징검다리를 건너는
아이들 웃음소리 물무늬로 퍼져 나가고

조팝꽃 하얀 웃음 떨군 자리
잎새 더욱 푸르다

자산홍은 여기 저기
붉은 등불 켜들고 봄을 밝힌다.

봄밤

고즈넉한 달빛에 잠 못들고
청매화 핀 뜰 안을 서성이네

조팝나무 실낱가지
초록 꽃눈도 덩달아 잠 못이루고

달빛을 사모하는
청매화 우련한 설렘

나 그대에게 갈 수 없고
그대 내게 오지 않는 밤

봄이 온 줄이나 아시라고
매화 향 바람에 실어 보냅니다

그대 창가에 달빛 어리고
바람이 소식 전하거든
알았노라 청매 가지 흔들어나 주셔요.

이팝꽃 필 때

보릿고개 시절 음력 사월에 태어난 첫 손녀에게
보리밥 먹이는 것이 안쓰러운 할머니는
친척집 밥상 위 쌀밥이 한없이 부러웠단다

할머니 가신 봄날
나무마다 고봉 쌀밥으로 피어나는 이팝꽃

이팝꽃 피는 봄날엔
먹어도 먹어도 배가 고프다.

배롱나무

어두운 길목에
붉은 꽃등 밝혔다

보아주는 이 없어도
호젓이 백날을 피고 지는 백일홍

먼 길 떠나는 나그네 등 뒤로
꽃 등불 조금씩 흔들리고 있다.

아기

보들보들 보드라운 수국 꽃송이
눈망울 해맑은 웃음

바라만 보아도 미소 번지는
세상에서 가장 사랑스런 꽃.

청수국

수많은 날갯짓으로 내려온 꽃다발
꿈속에서도 바다가 그리운 푸른 나비

나비 나래짓에 포르스름
자꾸만 여위어 간다.

도라지꽃

강 저편 닿을 수 없어
서러운 꽃

꽃망울 품었다가
하늘 향해 피어나는 보랏빛 꿈

소리 없이 흐르는 강물 따라
강기슭 건너편에
다시 도라지꽃으로 피어나고 싶다.

원추리

서둘러 봄 마중 나왔을까
시린 바람 헤치고
연둣빛 새 순을 내밀고 있다

노란 병아리 부리
앙증스러운 잎새 위에

수줍은 햇살 입을 맞춘다.

평행선

언제 어디서
만날 수 있을까, 우리는

산다는 것은
그리워하며 기다리는 거라고
바람은 속삭이는데

두 가닥 선로가
평행선으로 깔려있다.

봉선화

긴 여름날
담장 밑 한 쪽 귀퉁이
잎새 뒤에 고운 자태

다홍빛 꽃눈물이
연연한 그리움이
손톱에 붉게 붉게 물든다

첫 눈이 올 때까지
붉은 사랑 지워지지 않으면

저 만치 고샅을 돌아
담장 밑 성큼성큼 걸어온 사람
내 설운 눈물 닦아준다 했느니.

메밀꽃

끝없는 목마름이
황토밭 이랑에
소금으로 맺혀 있다

얼마나 더 아파야
하늘의 별이 될까

밤이 깊도록
달빛 아래 엎드려
울고 있는 메밀꽃.

그리움

빛 고운 햇살
노을 비낄 때

어스름 땅거미
담장을 돌아올 때

고개 숙인 창가에
등불 켜질 때

안개처럼 피어오르는
가슴 속 그리움.

그리움의 강물

쪽빛 하늘 바라보는 것이
가슴 뛰는 기쁨이었지

바람의 부드러운 속삭임
잔잔한 평화였었지

가녀린 풀꽃의 떨림
손 끝 저리는 행복이었지

하얀 철쭉의 눈부심
잠깐 피었다 사라지는 것들
물무늬로 피었다 지는 것들

흘러가는 강물도
잡을 수 없는 그리움이었지.

백일홍

붉은 꽃 백일을 피워
누구를 기다리나

스치는 바람에 행여 오시려나
까치발 들고 귀 기울이며

그대 오실 때까지
꽃등불 오래오래
꺼뜨리지 않으리라.

장미

뾰족한 가시로
6월의 심장 찔러
피워 낸 붉은 꽃

선혈이 떨어진 자리마다
아픈 꿈 맺혀있다.

코스모스 백리 길

지평선 끝으로
선들바람 불던 날

말갛게 씻은 얼굴
노을 뒤에 숨더니만

얄궂게 흔들어 대는 바람 성화에
고개 내밀었다 감추었다

심포 가는 코스모스 백리 길
자꾸만 흔들리네.

제5부
어쩌다 드는 생각

어쩌다 드는 생각

낙타는 사막에만 있는 게 아니다

타들어 가는 목마름도 잊은 채
묵묵히 내딛는 발걸음

얼마큼이나 가야
오아시스 그늘 만날 수 있을까

버거운 등짐 지고
도시의 보도블록 건너는
낙타의 어깨 위로 노을은 지고

일몰에 또 하루가 피 흘리며 쓰러지는
낙타의 등 뒤로
모래 바람이 분다.

푸른 동그라미

서너 살 꼬마 아이 자전거를 탄다
하얀 젖니 드러내고 까르륵 웃어댄다
마당에 원을 그리는, 세발자전거 바퀴
포슬한 흙담 돌아 굴러가는 동그라미

노란 햇살 아래
푸른 동그라미가, 하늘로 날아오른다.

질경이

바다를 뒤집어 놓고 태풍이 달려온다
가로수 머리채를 나꿔챈다
온갖 거짓과 불의 쓸어 간다

거대한 손이 쓸고 갔는데도
보도블록 틈새 질경이 하나
푸른 잎줄기 꿋꿋하다.

오후의 뜰에서

섣달 하늘 나눠 가진 앙상한 가지 끝
사금파리로 금을 긋고 팔방놀이 하던
유년의 네모가 날아오른다

그루터기만 남은 논바닥은
어머니의 주름살,
볕살이 빗금 긋는다

마을 어귀 들어서는 발자국 소리
저 만치 웅크리고 기다리는 뜨락
서산마루엔 노을이 주춤거리고.

시간여행

지난 밤 꿈에 한 아이 울고 있었다
집으로 가는 길 잃어버린 걸까
꿈에서만 만나는 작은 아이

훌쩍 키가 자란 소년이
어느 날, 아주 낯선 청년이 되어
날 찾아왔다

나는 가끔 먼 시간여행에 빠져든다
그 작은 아이를 다시 만나기 위해.

하루의 끝자락에

아이들이 놀다 간 텅 빈 놀이터
창문마다 네모진 불빛
저마다의 하루를 비추어 본다

가만히 올려다보는 밤하늘에
시간의 흔적들 별이 되어 박힌다

나뭇잎 사이로 가로등 불빛이
한 줄 두 줄 일기를 쓰고 있다.

사과꽃 향기

내딛는 발걸음 꿈속을 걷는다
사과 꽃 흩날리던 언덕

다가서면 멀어지던 사람
다가서면 멀어지는 사람

돌아서는 어깨 위로 흩날리는 꽃잎
바람이 몰아가는 사과꽃 향기.

착각

하늘 둥둥 어디론가
날아가는 민들레 홀씨다발

저건 타인의 삶이라고
가볍게 고개를 돌린다

하늘 올려다보다가
나도 그만 허공을 날아가고 있다

하늘은 그저 푸르기만 한데
이 어찌 타인의 삶이라고
고개 돌릴 수 있을까.

어느 오후

놀이터 아이들의 웃음소리
햇살 되어 퍼져 나간다

내게도 저런 해맑은 시절 있었을까
아스라한 기억을 더듬어 본다

양지바른 볏짚단 더미 옆에
동네 아이들 옹기종기 기대고
햇볕을 쬐던 유년시절
먼 시간 속으로 빠져 든다

밖은 여전히 아이들 소리로 해맑다
우주에서 온 천사들이다

창 너머로 햇살이 익어간다.

캔 맥주

힘없이 거품 쏟아내는 캔
허망에 허망을 얹어주는 거품
거품이 거품을 마신다

살다보면
허한 거품이
씁싸름한 뒷맛이
나를 달래기도 한다.

청산도

남도 끝자락 청산도
누가 이렇게
빛 고운 그림을 그렸을까

푸르게 두른 물 울타리
휘돌아 휘돌아

해풍에 한들거리는
노란 유채꽃

밀물 같은 그리움이
물결 건너네.

해거름에

하늘 화선지에는
뭉게구름 둥실둥실 떠 있고

숲속 나무들은
명상에 잠겨 있다

강은 잔물결 흘려보내고
강바람은 시름 거둬 날아가고
해는 천천히 서산을 넘는다

구름도 숲도 강물도
가만 가만 숨을 죽인다.

소리 없이 흐르는 강

가슴에 소리 없이 흐르는
강이 하나 있었습니다

까마득히 멀고 먼 길 돌아
강기슭에 섰지만 건널 수 없습니다

잊혀진 시간의 강물 물비늘 뒤척이며
저 혼자 무심히 흘러갑니다.

수채화

한바탕 쏟아진 빗줄기
무덥던 여름날은
바람 앞에 머리를 숙인다

벼들이 이삭 매단 채
바람결에 흔들리고 있다

햇살은 들녘에
금빛 물감을 쏟아 붓는다

하늘이 내려주신 물감
들녘은 금빛으로 찬란하다.

까치밥

"애야, 까치밥은 남겨 두어야지"
어머니는 감나무에 감을 몇 개씩 남겨둔다

귓전을 스치던 목소리 멀어졌는데
잎새 떨군 가지 끝에 매달린
감 서너 개 유난히 붉다

마른 낙엽은 나무 밑에 내려
뿌리를 덮어주고 있다.

목발을 짚으니

근위경골절골 수술을 받고 목발 짚으니
긴 세월 한쪽 기울어진 세상 살다 가신
아버지가 생각나네

젊은 시절 교통사고로
앉으면 굽힐 수 없는 뻗정다리로
왼쪽 다리가 짧아진 불편한 걸음걸이로
그래도 꿋꿋이 살아오신
내 삶의 귀감이 되신 아버지

이제는 하늘 저 멀리서
인자한 미소로 날 바라보시네.

연세로에서

햇볕 좋은 날 연세로 걷는다
학교 정문에서 젊은 청년들이
파도처럼 몰려나온다
함성의 푸른 파도에
나도 떠밀리며 함께 걸었다

가로수가 도열한 거리
나뭇잎이 하늘에 깃발처럼 나부낀다
하늘을 날아오르려는
푸른 잎들의 반짝임을 본다.

바람

언덕에 서면
나뭇가지 뒤흔드는
형체도 없는 바람

망각의 테두리
기억의 끝자락에도 바람이 인다

피어나는 꽃잎
흔들리는 잎새도
머물지 못하는 바람인 것을

바람 따라 갈 수 없어
시린 옷자락 여미며
언덕을 내려선다.

마을로 가는 길

산 그림자 드리운 그루터기에 앉아
어디에 마을이 있을까
바람에게 길을 묻는다

그림자 끝에 마을이 있고
마을 문 앞에 길이 있다고
바람이 앞장선다

휘어진 산길 돌아가면
저녁연기 피어오르고
창문에는 꽃등이 켜진다

내리는 어둠에 꽃등이
아직 돌아오지 않은 사람의 길을 비춘다.

미루나무 길

미루나무에 쏟아지는 햇살
잎새를 흔드는 한 줄기 바람
저만치 멀어지는 뒷모습을
푸른 가지 떠밀어 보내고 있다

흩날리는 머리카락 쓸어 올리며
말없이 걷는다
내 안의 잊혀진 나를 찾아
미루나무 늘어선 길 걷고 있다.

해설

꽃섬을 향한 그리움
– 강순화 시인의 시세계

임문혁 (시인·문학평론가)

 우리 삶을 이끌어가는 힘은 무엇일까? 누구는 '권력에의 의지'라고 말하고, 누구는 '쾌락에의 의지'라고 말하고, 또 누구는 '의미에의 의지'라고 말하며, '생존의 의지'라고도 말한다. 그런데 강순화 시인은 우리의 삶을 이끌어가는 힘은 '그리움'이라고 말하고 있는 것 같다.
 강순화 시인이 시를 이끌어가는 힘으로서의 '그리움'은 어떤 그리움일까? 그것은 뿌리를 향한 그리움일 것이다. 그 뿌리는 고향이요, 고향의 산천초목이요, 부모님과 가족이요, 어린 시절의 추억이다. 이 모든 것을 수렴하는 객관적 상관물이 바로 꽃섬이 아닐까 생각한다. 자연의 질서에 따라 사계절의 변화가 조화롭게 펼쳐지고 아름다운 꽃들이 피어나는 곳일 것이다. 아름다운 추억은 존재의 심연에서 그리움으로 자리 잡았을 것이고, 시인의 시 창작 의지를 추동하는 바탕이 되었을 것이다.

강순화 시인은 이러한 그리움의 정서를 서정적으로 노래하고 있다. 전통적으로 서정시는 은유적 상상력에 기반을 두고 있으며, 세계의 자아화, 순간적 영속성, 자기동일성, 회감回感, 충만한 현재형 등의 원리를 따른다. 강순화 시인도 이번 시집에서 무엇보다도 부모형제, 정다운 사람들, 어린 시절의 추억, 아름다운 자연과 사계절의 변화, 철따라 피어나는 온갖 꽃들을 이끌어 들여 회감과 그리움을 현재화함으로써 순간의 영속성과 자기동일성을 얻고 있다.

1. 금당도

금당도는 시인을 사랑하시던 할머니의 삶의 터전이었다. 할머니는 바다에서 해우(김)를 건져 말리고 가공하여 생활하셨고, 금당도를 떠올리면 시인은 할머니가 그리워진다.

전남 완도군 금당면 차우리
아버지의 고향바다에 눈이 내린다
아버지는 열 살 때 뭍에 있는 진외가에서
학교를 다녔다고 할머니가 들려주신 이야기를
난 소라처럼 엎드려 파도소리와 섞어 들었다
할머니는 바다에서 해우를 건져 김발에 널어두고
해우가 바싹 마르면 지푸라기로 묶어 김 다발 이고
울억기미 재를 넘고 배를 타고 다시 완행열차
먼 행상길을 다니셨다
청상의 할머니는 어린 손녀에게
밤 깊은 줄 모르고 금당도 바다 이야기
푸른 물길로 풀어내시곤 했다

지금도 금당도 갯벌에는 눈이 내리고
내리는 눈 발 속에 우리 할머니
해우 이고 먼 행상 길 떠나고 있다.
-「금당도가 어딘가요」전문

　전남 완도군 금당면 차우리 섬마을에서 청상의 할머니는 바다에서 해우(김)를 채취하여 김을 만들어 머리에 이고 먼 곳을 다니며 파시기도 하셨다. 그렇게 아들(시인의 아버지)을 공부시키셨고, 손녀(시인)를 키우고 사랑해 주셨다. 그 사랑이 얼마나 깊고 진했는지는 밤 깊은 줄도 모르고 삶의 애환을 바다의 푸른 물길로 풀어내시는 할머니의 모습에서 확인할 수 있다. 그때의 할머니 나이가 된 시인이 금당도를 찾아간다. 바다의 갯벌에 눈이 내리고 시인의 추억 속에서 눈발을 헤치며 행상 떠나시는 할머니의 모습이 아련히 떠오른다.

    써레질한 논배미 논물이 출렁댄다
    못줄의 붉은 꽃술 매듭자리에 모포기를 꽂으면
    양쪽 못줄잡이 "어이" 하는 소리에
    일꾼들은 허리를 편다

    어머니는 텃밭의 감자를 캐서
    한 솥단지 갈치조림과 못밥을 담아
    따리 얹은 광주리 머리에 이고,
    예닐곱 살 아이는 막걸리 주전자 들고
    논둑길을 따라 저만치 앞장선다

    논물 속에 꽂힌 모포기들이 고개만 내밀고 있다
    어서 어서 실하게 자라다오
    수건을 질끈 동인 어머니는 자식들 먹일 생각에
    통통하게 여문 보리알 같은 웃음이 피어난다

    초여름밤, 달이 기울도록 개구리가 울어댄다
    어머니 고단한 허리 돌아눕는다

논배미 가득 넘실대는 알곡 꿈을 꾼다.
　　　　　　　　　　　－「모심는 날」 전문

　써레질한 논에 물이 출렁댄다. 못줄을 띄우고 마을 사람들이 허리를 굽혀 모를 심는다. 그런 날이면 어머니는 갈치조림에 못밥을 지어 광주리에 담아 이고 가고, 아이는 막걸리 주전자를 들고 어머니를 따라갔을 것이다. 모내기를 끝내고나면 개구리 울어대는 달밤에 고단한 허리를 눕히며 가을의 황금들판을 꿈꾸지 않았을까.
　지금도 시인의 가슴 속에는 앞 들판 우렁배미 논물이 출렁대고 있을 것이다.

구름처럼 벚꽃 피어오르면
꽃 몸살을 앓는다

손가락 꼽아 헤아리는 기다림
꿈속에 떠오르는 섬이 되고

그리움 찾아 가는 꽃섬에 가면
꿈에만 오는 아이 만날 수 있을까.

　　　　　　　　　－「꽃섬에 가고 싶다」 전문

시인이 가고 싶어 하는 꽃섬이 어디인지 평자는 정확히 알 수가 없다. 진짜로 있는 섬인지 시인 마음속의 환상의 섬인지 그것도 잘 모른다. 그러나 그 섬은 온통 꽃으로 뒤덮인 아름다운 섬일 것이다. 그래서 시인은 벚꽃이 구름처럼 피어오르는 봄이 되면 꽃섬에 가고 싶어 꽃몸살을 앓는다. 왜일까, 다른 여러 가지 이유가 있겠지만 가장 간절하고 절실한 이유는 그 아이를 만날 수 있을지도 모른다는 기대감 때문일 것이다. 만나고 싶어도 만날 수 없는 아이, 늘 꿈속에만 오는 그 아이를 꽃섬에 가서 만날 수 있으면 얼마나 좋을까. 평자인 나도 시인을 따라 그 꽃섬에 가보고 싶어진다.

2. 그리운 어른들

  고향을 생각하면 가장 먼저 떠오르는 어른이 부모님이시다. 그런데 강순화 시인의 시에는 할머니에 대한 그리움이 누구보다 짙게 배어 있다. 할머니는 (다른 시에서 보면 일찍 혼자가 되신 것으로 보인다.) 청상으로서 어린 자식들을 혼자 손으로 키우시느라 고생을 많이 하신 분이시다.(「할머니」)

>   잠들었다 깨어보니
>   방안이 어슴프레 했다

학교에 가야 한다고 걱정했더니
할머니는 "선잠을 깨어서 그렇구나
아침이 아니고 저녁이다"고 하셨다
내게 선잠이라고 일러 주셨던 할머니는
그리움만 남기고 먼 길 떠나셨다

─「선잠」 부분

할머니는 손녀에 대한 사랑이 지극하셔서 늘 챙겨주시고, 밤에 주무실 때도 손녀를 데리고 주무시며 이런 저런 이야기를 많이 들려주셨다.(「금당도가 어딘가요」)

강 시인이 할머니의 삶을 이해하고 안쓰럽게 여기게 되면서 할머니에 대한 정도 깊어지고 추억도 많이 간직하게 되지 않았을까 짐작이 된다.

쪽진 머리에 수건 질끈 동여매고
허리끈 졸라매며 한평생 살아온 할머니

모내기철, 달 없는 캄캄한 밤에
어린 고모를 앞세우고
물꼬 보러 논둑길을 걸었지요

벼이삭이 누릇누릇 익어 갈 때면
가슴에 참았던 슬픔이 끓어올라

온 들판 헤매다 방문을 열면
문고리 잡은 어린 아들이
방문과 함께 왈칵 따라 열렸지요

　　　　　　　　　　　－「할머니」부분

설렁탕 집 카운터 박하사탕 한 알 집어든다
화한 박하 향이 입안에 퍼진다
할머니가 좋아 하시던 박하사탕
어쩌다 한 봉지 사다 드리면
얼굴이 박하사탕처럼 환해지셨지

하얗게 빛이 나는 박하사탕 보면
할머니가 생각나지만
이제는 몇 알 쥐고 가도 반길 할머니 안 계시다.

　　　　　　　　　　　－「박하사탕」부분

　음식점에 가면 카운터 옆에 박하사탕을 준비해 놓은 곳이 많다. 그 박하사탕을 입안에 넣고 그 화한 박하향이 입안에 퍼질 때 문득 시인은 할머니가 생전에 박하사탕을 좋아하셨다는 기억을 떠올린다. 몇 알 쥐고 가서 할머니께 드리면 환하게 웃으시며 좋아하실 텐데 그러나 할머니는 이미 세상에 안 계신다. 할머니에 대한 그리움이 왈칵 솟아오른다. 아, 그리운 할머니!

어린 딸을 앞세우고 어머니는
어둑한 논둑길 걸어 물꼬를 보러 갔다
윗 논에 논물이 그득하게 넘치면
아래 논둑 가장자리 물꼬 터서 물이 들어가야
모내기를 했다
　　　　　　　　　　－「어머니 물꼬」 부분

찌는 더위에도 밭고랑에 엎디어 김을 매는
땀에 젖은 어머니의 등적삼
쨍쨍한 하늘을 보며 "왜 이리 삶아 댄다냐,
소나기라도 한 줄금 시원스럽게 쏟아지지 않고"
　　　　　　　　　　－「소나기와 어머니」 부분

비녀 꽂은 쪽진 머리 어머니는
수건 질끈 동여매고 긴 여름날
등적삼이 후줄근 젖은 채
밭고랑에 엎디셨다

우렁배미 가을걷이 홀테질에 바쁘던
시끌벅적 타작마당 아낙네들
찐 고구마 막걸리 새참에 윙윙대던 탈곡기 소리
지금도 들려온다

흰 눈이 무르팍까지 내려 쌓인 엄동설한

청상의 어미는 어린 자식 해진 옷을 기웠다
- 「인동초」 전문

따가운 볕에 바싹 마른 고추가
바사삭 바사삭 귓속말을 한다

참깻단의 여문 참깨가
톡톡 튄다

바쁜 하루 해
어머니의 손길은 짧기만 하다

고추잠자리 날개 사이로
바쁜 하늘이 팔랑거린다.
- 「어머니의 가을」 부분

추억 속 어머니는 인고의 삶을 사신 우리 모두의 어머니이시다.
'어린 딸을 앞세우고 / 어둑한 논둑길을 걸어 물꼬를 보러'다니셨고(「어머니 물꼬」), '찌는 더위에 밭고랑에 엎디어 김을' 매시는데 '등적삼이 땀에 젖어' 있었고(「소나기와 어머니」),
타작마당 '가을걷이 홀테질에' '바쁜 하루해가 짧기만 하다.'(「인동초」, 「어머니의 가을」)

밤늦도록 기다리는 내게
아버지는 누르스름한 봉투를 내미셨다
앉은 자리에서 단팥빵 두어 개를 꿀맛같이 먹고
윗목 쪽으로 봉투를 밀어 놓았던 내 어릴적

세월 지나 어쩌다 단팥빵 사다 드리면
"뭐하러 사왔냐" 하시면서도 무척이나 좋아하시던

제과점에 즐비한 단팥빵을
이제는 사가도 반길 이 없다

아버지 산소에 가면
그 나라에도
단팥빵 있더냐고 물어봐야겠다.

― 「단팥빵」 전문

  추억 속의 아버지는 참 다정하고 자식 사랑이 깊었던 분이시다. 외출했다 돌아오시면 단팥빵을 사다 주시던 달콤한 추억을 남겨 주신 분이다. 시인이 자라서 아버지께 단팥빵을 사다 드리면 무척이나 좋아하셨다. 이제는 단팥빵을 사가지고 가도 반겨주실 아버지가 안 계시니 아쉽고 허전하고 안타까운 일이다. 아버지 계신 그 나라에도 단팥빵이 있는지 궁금하다.

3. 자두가 익을 무렵

추억 속의 시인의 사계는 자연 속에서 계절의 변화와 함께 다채롭고 아름답게 흘러간다.

봄이면 진달래 꽃잎 따서 화전을 부치기도 하고(「화전」), '목련이 보송보송한 껍질 벗어 속살 내밀고' '민들레가 해맑게 웃는 날' 엄마 손 잡고 아기가 꽃길을 걸어 나온다. '먼발치 산그늘에 진달래 꽃무더기/붉은 꽃숨'을 쉬면 시인도 아지랑이 피어오르는 들길을 걷는다.(「봄날」)

진달래 한 움큼 따다 화전 부친다

화전이 먹고 싶어요
가쁜 숨 몰아쉬며 잦아드는 꽃 너울

진달래꽃 필 때면 봄을 앓는다
　　　　　　　　　　　　－「화전」부분

목련은 솜털 보송한 껍질 벗어
새하얀 속살 내밀고
무수한 발자국 밀어 올리고
노란 얼굴 민들레 해맑게 웃는다

엄마 손 잡고 나들이 나온 아기
개나리 별꽃 어우러진 길을
아장아장 걸어오는데

먼발치 산그늘에 진달래 꽃무더기
붉은 꽃숨을 쉰다

나도 아지랑이 피어 오르는
들길을 걷는다.
― 「봄날」 부분

여름이 되면 '개울에서 뜰채 들고 고기 잡던 아이들', '물장구치던 아이들', '골목놀이 하던' 아이들, '소나기에 흠뻑 젖어 마냥 신이 나던' 아이들(「소년의 여름」)이 생각난다.

개울에서 뜰채 들고 고기 잡던 아이들
물장구치던, 골목놀이 하던
소나기에 흠뻑 젖어 신이 나던 아이들
그 시절이 그리워
― 「소년의 여름」 전문

말없이 바람골 떠난 이여,
7월 뙤약볕 뜨겁게 쪼이거든

자두나무 아래로 오라

　　바람골 그늘에 앉아
　　자두 익어가는 사랑노래 들어보자.
　　　　　　　　　　－「자두가 익을 무렵」부분

　여름이 되면 기억의 담장 너머로 후두둑 자두가 떨어진다. 그 자두나무 아래서 시인과 친구들은 발그레 속이 차오른 자두 속살을 베어 문 채 자두꽃처럼 웃었다. 말없이 고향 자두골을 떠난 친구들을 그리워한다. 뙤약볕 뜨겁게 쪼이는 7월이 오면 그리운 친구들이여 고향 자두나무 아래로 오라.

　시인에게 가을은 쓸쓸한 계절이다. 더구나 처서 지나고 비라도 내리는 날이면 서늘함이 살갗을 파고든다. 더구나 가을비 내리는 그날이 그리운 그 아이의 생일날이라면 그 쓸쓸함과 그리움은 한층 더 고조될 것이다.

　　처서 지나 흩뿌리는 빗줄기
　　서늘함이 파고든다
　　생각의 빗방울들 낙엽 적시고
　　버텨온 시간 지층으로 스며든다

쓸쓸함을 일깨우는 비
그 아이의 생일날
비만 혼자 내리고 있다.
- 「가을비」 전문

날카로운 햇살이
잎새마다 꽂힌다
선홍색 핏방울 흘러내린다

쨍쨍한 하늘 아래
화인火印 찍힌 온몸이
불타고 있다.
- 「화살나무」 전문

  가을비가 쓸쓸한 그리움을 환기시키는 상관물이라면, 화살나무는 불처럼 뜨거운 아픔이다. 중국의 어떤 시인은 서리 맞은 가을 잎이 봄꽃보다 붉다고 했다. 화살나무 잎에 가을 햇살이 날카로운 화살처럼 내리꽂히면 잎에서는 선홍색 핏방울이 흘러내린다. 쨍쨍한 가을 하늘 아래 시인도 햇살 화살 맞으며 온몸이 화인 찍힌 듯 불타고 있다.
  겨울에 하얀 떡가루 같은 눈이 내리면 시인은 그 눈을 함지박에 소담히 담아 백설기 떡을 찌고 싶어진다. 떡을 푸짐하게 쪄서 건너 마을 혼자 사시는 할아버지께 갖다 드리고, 아랫마을 서영이 남매에게도 보내주고 싶다는 시인의 마음이 참 따뜻하다.

    동짓달 하늘에서
    하얀 떡가루가 쏟아진다

    아이야, 함지박에 소담히 담아
    애기동지 때 토닥토닥
    네 얼굴 닮은 백설기 떡 하자꾸나

    따끈한 백설기 덩이덩이
    건너 마을 혼자 사는 할아버지께 갖다 드리고
    아랫마을 어린 남매 서영이한테도 보내주자.
                                     - 「첫눈」 전문

    한 해가 다 가도록 소식 없더니
    마른 산수유 가지 내리 휘도록
    발자국 또렷이 한 발 한 발 오시는 이여
    그리웠노라 한 마디 말도 못하고
    애타던 가슴 부여안고 손님을 맞네
    하얀 침묵 속에 전하는 소식
    말없이 떠난 그 사람

산동마을 산수유로 찾아오실 봄날
노란 꽃등 밝히려고
이렇게 찾아와 온몸 녹인다 하네.
―「서설」 전문

　새해가 되면서 산수유 가지 위에 내리는 눈은 상서로운 눈이다. 그리운 사람을 만난 듯 사무친 가슴을 부여안고 눈 손님을 맞는다. 그 눈은 침묵 속에 깊은 비밀을 전해준다. 머지않아 멀리 떠났던 그대가 돌아올 것이라는 소식이다. 그대가 오시는 날 산수유 가지마다 노란 꽃 등불을 켜려고 눈이 이렇게 미리 찾아왔고, 산수유 가지 위에 자기 몸을 녹여 가지 속으로 스며들겠다는 갸륵한 사연을 들려주고 있다. 시인의 애절한 상상력이 가슴을 촉촉이 적신다.

4. 꽃, 꽃, 꽃

　강순화 시인은 꽃의 시인이다. 온통 꽃을 노래한 시들로 가득하다.
　찔레꽃, 꽃무릇, 산수유, 청매화, 목련, 백일홍, 인동초, 벚꽃, 구절초, 감꽃, 복사꽃, 민들레, 능소화, 라일락, 분꽃, 조팝꽃, 철쭉꽃, 이팝꽃, 배롱나무, 도라지꽃, 원추리, 봉선화, 메밀꽃, 장미, 코스모스, 사과꽃 등 헤아리기조차 힘들다. 게다가 같은 꽃을 두고도 2편씩 쓴 시도 있다.

그것은 아마도 시인이 어려서부터 꽃과 함께 살았고 지금도 꽃과 더불어 살며 앞으로도 꽃과 함께 살아갈 것이기 때문이리라. 꽃을 좋아하고 꽃 같은 삶을 살고 있고, 꽃과 같은 삶을 추구하고 있기 때문일 것이다. 아름다운 꽃, 향기로운 꽃, 가족과 친구와 사랑의 추억이 담겨 있는 꽃, 인내로 꽃을 피우고 열매를 맺는 꽃을 어찌 사랑하지 않을 수 있겠는가.

은은한 향기 그대가 나에게 꽂아주던 추억을 간직한 찔레꽃, 이룰 수 없는 아픈 사랑을 품고 있어 가장 슬프고 가장 아름다운 꽃무릇, 손톱에 물들이고 첫사랑이 돌아오기를 기다리는 봉선화, 어머니를 생각나게 하는 고향집 부엌 옆에 서 있던 청매화, 고난을 참고 이겨내는 상징인 인동초, 담장 옆에 다소곳이 고개 숙이고 누군가를 기다리는 복사꽃, 눈 싸라기 같은 조팝꽃, 쌀밥 같은 이팝꽃, 고향 길 백 리에 피어 그리움으로 흔들리는 코스모스, 겨우내 갇힌 어둠 툭툭 털어내고 맑은 햇살로 맨 먼저 봄소식 안고 오는 산수유, 목련, 어두운 삶의 골목길에 꽃 등불 밝히는 백일홍, 목걸이 만들어 목에 걸어주던 어릴 적 동무를 생각나게 하는 감꽃, 아픔으로 하늘의 별을 이고 있는 메밀꽃 이런 꽃들을 시인은 노래하고 있다.

>찔레꽃 향기 은은한
>오월의 숲을 걷는다
>
>함께 걷던 오솔길에
>뻐꾹새는 울어대는데
>찔레꽃 따서 꽂아주던
>그대는 어딜 갔나
>
>못 다한 이야기
>연푸른 잎새에 적어
>찔레꽃 우표 붙여
>바람결에 띄우노니
>
>그대여 창문 열어
>오월의 향기 맡으소서
>바람이 전하는 사연
>가만가만 들으소서.
>―「찔레꽃 우표」 전문

참 고운 시다. 찔레꽃은 크기가 딱 우표만하다. 우리가 만일 누군가에게서 방긋 웃는 하얀 찔레꽃 우표가 붙은 편지를 받는다면 얼마나 감동적일까. 아름답고 정겨운 정감과 생각들이 꽃처럼 피어나서 그리운 사람 얼굴이 아득히 떠오를지도 모른다.

  이 시집은 시인이 독자들에게 찔레꽃 우표 붙여서 띄우는 편지다. 여러분들이 이 시집을 읽으며 오월의 향기를 맡고 바람이 전하는 사연을 가만가만 들어보시면 좋겠다.

    안으로 멍든 가슴
    토해낸 선연한 붉은 빛
    하늘 향해 펼쳤는가

    천 번의 봄날이 지나도
    만 번의 칼끝 바람 스쳐도

    만날 수 없는
    그대와 나

  그대의 눈물 소리 없이 뿌리까지 적시고
  가슴속 깊이깊이 스미고 스미는가

    이 생에서는 이룰 수 없는
    아픈 사랑 거두어 주소서

지상에서 가장 슬프고 아름다운
꽃무릇 사랑이여.
-「꽃무릇」 전문

 누구나 가슴 한편에 꽃무릇처럼 아름답고 슬픈 사랑 하나쯤 품고 있지 않을까. 가을 언덕에 무리 지어 핀 붉은 꽃무릇을 보고 아름다운 사랑을 떠올리지만 그 사랑은 이미 이 세상엔 없기에 천 번의 봄날이 지나도 만 번의 바람이 스쳐도 영원히 이룰 수 없는 아픈 사랑인 것이다.

긴 여름날
담장 밑 한 쪽 귀퉁이
잎새 뒤에 고운 자태

다홍빛 꽃눈물이
연연한 그리움이
손톱에 붉게 붉게 물든다
첫 눈이 올 때까지
붉은 사랑 지워지지 않으면

저 만치 고샅을 돌아
담장 밑 성큼성큼 걸어온 사람
내 설운 눈물 닦아준다 했느니.

– 「봉선화」 전문

　봉선화처럼 우리 민족의 애환을 담고 있는 꽃이 어디 있으랴. 봉선화처럼 고향과 어린 시절을 떠올리게 하는 꽃이 어디 있으랴. 봉선화를 생각하면 "울 밑에선 봉선화야 네 모양이 처량하다. 길고 긴 날 여름철에 아름답게 꽃필 적에 어여쁘신 아가씨들 너를 반겨 놀았도다."하는 가곡이 생각나고, 봉선화가 피어 있던 고향집 장독대 옆이나 울 밑이 떠오른다.

　시골에서 자란 사람이라면 손톱에 봉선화물을 안 들여 본 사람은 아마 거의 없을 것이다. 가장 예쁘고 정갈한 꽃잎을 골라서 곱게 찧어 피마자 잎으로 감싸 실로 꽁꽁 묶어 매고, 잠자면서 풀어지지 않게 하려고 손가락도 오므리지 못하고 펼친 채 조심스럽게 잠을 잤던 경험은 얼마나 그리운 추억인가. 아침에 일어나서 만난 그 황홀한 봉선화 꽃물이라니! 시인의 가슴속에는 지금도 봉선화 꽃물이 곱게 물들어 있을 것이다. 이 봉선화에는 애틋한 전설도 전해오고, 첫눈이 올 때까지 손톱에 들인 꽃물이 지워지지 않으면 떠난 사람이 다시 돌아온다는 속설도 있다.

　강순화 시인의 추억 속에도 고향의 어린 시절과 봉선화 꽃물과 사랑의 추억이 곱게 물들어 있을 것이다.

    지평선 끝으로
    선들바람 불던 날

    말갛게 씻은 얼굴
    노을 뒤에 숨더니만

    얄궂게 흔들어 대는 바람 성화에
    고개 내밀었다 감추었다

    심포 가는 코스모스 백리 길
    자꾸만 흔들리네.
                          - 「코스모스 백리 길」 전문

  고향으로 가는 길은 코스모스가 피어 있는 길이다. 고향 길 백리가 코스모스 길이다. 먼 길을 걸어서 시인은 고향으로 간다. 고향 산천, 바닷가 모습, 부모님 생각, 함께 놀던 어린 시절 친구들과의 온갖 추억들이 주마등처럼 스쳐갈 것이다. 멀리 지평선 끝으로 노을이 물드는데, 서늘한 선들 바람결에 코스모스는 흔들린다. 고향으로 가는 길은 코스모스 끝없이 이어진 꿈길이다.

5. 미루나무길

 고향에 대한 그리움과 부모님과 어릴 적 친구들의 추억에만 머물러 있기엔 삶의 현실은 그리 녹녹치가 않다. 시인이 살아내야 할 세상은 낙타가 사막을 건너는 것에 비교될 수 있는 고단한 세상이다. 낙타는 사막에만 있는 것이 아니다. '타들어가는 목마름을 잊은 채 / 묵묵히 내딛는 발걸음'이 시인이 걸어가는 인생길이다. '버거운 등짐 지고 도시의 보도블록을 건너는' 시인이 바로 낙타다. '일몰에 또 하루가 피흘리며 쓰러지고, 낙타의 등 뒤로 / 모래 바람이 분다'

    낙타는 사막에만 있는 게 아니다

    타들어 가는 목마름도 잊은 채
    묵묵히 내딛는 발걸음

    얼마큼이나 가야
    오아시스 그늘 만날 수 있을까

    버거운 등짐 지고
    도시의 보도블록 건너는
    낙타의 어깨 위로 노을은 지고

일몰에 또 하루가 피 흘리며 쓰러지는
낙타의 등 뒤로
모래 바람이 분다.
　　　　　　　　　　－「어쩌다 드는 생각」 전문

바다를 뒤집어 놓고 태풍이 달려온다
가로수 머리채를 나꿔챈다
온갖 거짓과 불의 쓸어 간다

거대한 손이 쓸고 갔는데도
보도블록 틈새 질경이 하나
푸른 잎줄기 꿋꿋하다.
　　　　　　　　　　－「질경이」 전문

　그러나 시인은 결코 쓰러지지 않는다. 세상의 풍파가 태풍처럼 바다를 뒤집어 놓으며 불어와 가로수 머리채를 나꿔채도 보도블록 틈새에 뿌리를 박고 버티고 있는 푸른 잎줄기 꿋꿋한 질경이처럼 다 이기고 견디어낸다.

　　산 그림자 드리운 그루터기에 앉아
　　어디에 마을이 있을까
　　바람에게 길을 묻는다

그림자 끝에 마을이 있고
마을 문 앞에 길이 있다고
바람이 앞장선다

휘어진 산길 돌아가면
저녁연기 피어오르고
창문에는 꽃등이 켜진다

내리는 어둠에 꽃등이
아직 돌아오지 않은 사람의 길을 비춘다.
- 「마을로 가는 길」 전문

 마을이 내려다보이는 산언덕 그루터기에 앉아 몸담고 살아온 마을이 어디쯤이고, 어떠한 모습인지를 다시 한 번 거리를 두고 바라본다. 그리고 자신의 생각이 과연 맞는 것인지 바람에게 물어 확인하고 있다. 마을은 그림자 끝에 있고, 길은 마을 문 앞으로 이어져 있다고 바람이 일러준다. 휘어진 산길 돌아가면 저녁연기 피어오르는 마을 창문에 꽃등이 켜질 것이다. 한없이 정다운 불빛이 가슴을 따숩게 비추며 아직 돌아오지 않은 사람의 발길을 비춰줄 것이다. 그러나 시인은 이제 발길을 마을로 향하지 않고 다른 쪽으로 뻗은 미루나무 길을 향하게 될 것임을 이미 알고 있다.

미루나무에 쏟아지는 햇살
잎새를 흔드는 한 줄기 바람
저만치 멀어지는 뒷모습을
푸른 가지 떠밀어 보내고 있다

흩날리는 머리카락 쓸어 올리며
말없이 걷는다
내 안의 잊혀진 나를 찾아
미루나무 늘어선 길 걷고 있다.
                         -「미루나무 길」전문

  이제 시인은 새로운 길로 나설 때가 왔다. 지금까지 지켜 오며 이루어 온 것을 뒤로 하고 새로운 마을로 미래로 이어진 미루나무 길로 나서야 한다. 미루나무도 쏟아지는 햇살을 받으며 푸른 가지를 흔들어 새로운 길을 떠나는 시인을 응원하고 있다.
  이 길은 시인 안의 잊혀진 자신을 찾는 길이며 새로운 미래로 열린 길이다. 이제 이 길이 어떤 모습으로 펼쳐질지 아무도 모른다. 우리는 궁금증과 기대감 속에서 응원의 박수를 보내야 한다. 강순화 시인의 앞날에 멋진 신세계가 펼쳐지기를 기원한다.